AF311134

GIROD DE CHANTRANS

DISCOURS DE RÉCEPTION

PRONONCÉ

Par le marquis S. DE JOUFFROY

A la séance de l'Académie de Besançon du 29 juillet 1883

BESANÇON

IMPRIMERIE DODIVERS ET Cie, GRANDE-RUE, 87.

1884

GIROD DE CHANTRANS

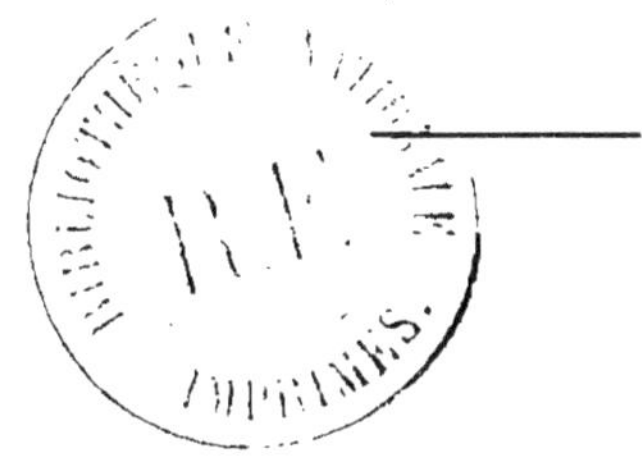

Messieurs,

Il est de tradition, dans les fastes de l'Académie, de prendre pour sujet d'un discours de réception l'éloge d'un confrère qui a apporté quelque éclat à votre savante Compagnie et qui l'a enrichie de ses nombreux travaux.

Je ne m'éloignerai pas de cette règle, qui mérite tous nos respects et qui nous fait admirer les vertus des hommes distingués, nos prédécesseurs dans la carrière. Conserver la mémoire de nos aïeux, admirer ceux qui ont joué un rôle éminent dans la littérature, dans les sciences, dans l'histoire de notre province, n'est-ce pas l'apanage de votre Société, toujours ferme dans son indépendance, au milieu des ruines de l'esprit humain qui désolent la fin de notre siècle? Elle a cherché à mettre obstacle à la décadence des lettres en ne recevant dans son sein que des membres disposés à protéger et à garder les saines doctrines.

Je voudrais, Messieurs, vous exprimer toute ma gratitude; vous m'avez honoré de vos suffrages au moment où je ne pensais pas les mériter; je suis très flatté de votre bienveillance, je la rechercherai sans cesse, elle sera ma passion continuelle.

Mon bagage est léger pour pénétrer au milieu de vous, mais en m'admettant dans votre Compagnie, vous avez tenu à conserver le souvenir de mes ancêtres qui, depuis plusieurs siècles, ont protégé les arts et les lettres et ont contribué à la grandeur de notre province bien aimée.

A vous, Messieurs, revient en grande partie l'initiative de cette idée patriotique, puisque vous avez célébré les premiers la mémoire de mon grand-oncle, Claude-Dorothée de Jouffroy, en mettant au concours son éloge, qui m'ouvre aujourd'hui vos portes, et en inscrivant, en tête de la souscription destinée à élever une statue à cet homme illustre, la généreuse offrande de l'Académie.

J'ai pensé, Messieurs, que je serais bien accueilli dans votre Société, si j'essayais de vous décrire la vie d'un habitant de Besançon, qui a été un de ses premiers fondateurs à la restauration de 1806.

A la mort de Dom Grappin, il fut son successeur en qualité de doyen de cette Compagnie, et garda ce titre, que justifiaient son âge aussi bien que ses services, pendant huit années.

Vos annales sont muettes et parlent peu de cette simple histoire; rien de moins étonnant. Le contraire serait une surprise; car notre philosophe faisait peu de bruit et ne se produisait point au dehors; par dessus tout homme de science, il quittait rarement son cabinet de travail, ses chères études; mais sa modestie égalait son génie. Sa générosité rivalisait avec son patriotisme; son agréable commerce lui avait procuré de nombreux amis, et son souvenir toujours vivant dans l'esprit de ses contemporains a laissé des marques sensibles de son existence dans le monde savant.

A qui donc appartient un visage si sympathique et qui possède de si brillantes qualités ? Je ne puis vous le dissimuler plus longtemps, Messieurs, et faire languir votre curiosité; ces dons étaient le partage du chevalier Justin Girod de Chantrans, né à Besançon le 20 septembre 1750.

En récompense de ses nombreux services, il reçut du gouvernement de la Restauration la croix de Saint-Louis, faveur qui conférait le titre de chevalier; de la main du pre-

mier consul, celle de la Légion d'honneur ; il fut nommé capitaine du génie et pendant dix ans un des représentants de
la Franche-Comté au Corps législatif. Mais n'anticipons pas
sur les événements et reprenons le cours de notre sujet.

Appartenant à une famille honorable de la province, ses
parents avaient confié son éducation aux pères Jésuites, encore fort appréciés à cette époque ; aussi voyait-on sans
peine qu'il avait vécu dans un milieu où la politesse s'al-
liait au savoir ; ses manières étaient celles d'un homme distingué, relevées par une bienveillance et une affabilité qui
ne se rencontrent que fort rarement de nos jours.

De taille moyenne, il était frêle et maigre ; sa vie était
austère ; il dédaignait les aliments gras, ce qui faisait dire au
vulgaire qu'il suivait la doctrine de Pythagore. Cette secte,
qui affectait une certaine régularité dans les habitudes et les
mœurs, voulait rendre les hommes semblables à la divinité ;
le seul moyen d'y parvenir, disait-on, était de posséder la
vérité, et pour la posséder, il fallait la rechercher avec une
âme pure. J'ai entendu raconter fréquemment au chevalier
qu'il avait pris la chair en dégoût, depuis l'époque où il
avait disséqué des animaux qui servaient à ses nombreuses
expériences, à l'application des sciences naturelles, premier
objet de ses études de prédilection.

Dès l'âge le plus tendre, Girod de Chantrans annonça en
outre une aptitude particulière pour les mathématiques ;
cette tendance manifeste de son esprit l'habitua à la réflexion
et lui donna une maturité qui le faisait distinguer de ses
condisciples. A cetteépoque, cette étude n'était point popu-
laire, elle n'était cultivée que par des sujets rares et privilégiés.

Après avoir achevé ses premières classes, il fut admis à
l'école militaire de Châlons, en 1766 ; il entra comme lieutenant en second à l'école d'application de Mézières le 1er janvier 1768, et en sortit deux ans après avec le grade d'ingénieur
lieutenant, c'est-à-dire officier du génie.

Cette brillante carrière n'était l'apanage que des jeunes gens qui se faisaient remarquer par une intelligence très développée ; on comptait sur leurs services, d'autant plus que l'art de la défense des places était resté stationnaire depuis le grand Vauban et avait accusé de bien faibles progrès.

Plein de feu et d'ardeur, tourmenté du désir d'étendre ses connaissances, Girod ne craignit point d'exposer sa constitution débile aux dangers d'une expédition française en partance pour les Antilles.

Louis XVI, ce prince aux intentions si droites et si pures et qui fut le martyr de la liberté, avait envoyé une escadre, commandée par l'amiral de Grasse, dans les eaux de l'Amérique du Nord, avec des troupes dirigées par Rochambeau et Lafayette ; leur triomphe sur le général américain Cornwallis décida de l'indépendance des Indes occidentales, qui étaient en insurrection. Mais peu après de Grasse fut vaincu par les Anglais et fait prisonnier après avoir éprouvé de grands revers. Girod de Chantrans fit partie de cette expédition, il fut témoin de cette défaite et eut la bonne fortune de débarquer à Saint-Domingue sans avoir reçu de blessure.

Il séjourna deux années dans cette île qui lui offrait des horizons nouveaux ; sa correspondance nous met au courant de ses méditations politiques, philosophiques et négrophiles, et surtout de ses travaux relatifs à l'histoire naturelle ; c'était la science qu'il affectionnait ; il lui donnait la préférence, elle semblait décupler son activité.

Si l'on recherche, Messieurs, quelle était la tendance littéraire de notre naturaliste, nous la découvrons facilement dans ses écrits. Il appartenait à l'école qui fleurissait à la fin du XVIIIe siècle ; grand admirateur de Jean-Jacques Rousseau, il aimait la sensibilité de son cœur, admirait la force, la chaleur, l'expression de quelques-unes de ses lettres ; mais les sophismes nombreux contre les notions reçues, que renferment ses ouvrages, ses paradoxes révoltants et les ravages occasionnés par la doctrine trop légère de ce philosophe lui firent promptement abandonner l'auteur du *Contrat social*.

Les difficultés de tout genre qu'il rencontra sur sa route amenèrent bientôt notre chevalier à la pratique de la saine raison et à la persuasion que la vie simple et réglée est le meilleur moyen de perfectionner notre misérable humanité.

Une fois établi à Saint-Domingue, il régla son temps, ses études; il avait formé le projet de recueillir les plantes sous les diverses latitudes; il les séchait, les réunissait par famille et par genre; il se mit à créer un herbier des plus précieux composé de plantes exotiques; il collectionnait aussi, par la même occasion, des minéraux auxquels il assignait une classification particulière.

Comme résultat de son séjour dans cette île, Girod de Chantrans publia trente-deux lettres qui eurent pour titre : *Voyage d'un Suisse dans différentes colonies de l'Amérique* (Neuchâtel, 1788). Cet ouvrage renferme deux parties : le journal de sa vie, puis une requête présentée à l'humanité pour l'émancipation de la race noire.

Permettez-moi, Messieurs, de vous citer un passage de son livre, qui accuse les souffrances qu'il a éprouvées pendant ses voyages, sans compter les nombreuses déceptions qui se multipliaient à chaque pas (Page 239) :

« Vous, mes chers compatriotes, que rien n'appelle dans
» ces contrées barbares, gardez-vous d'une vaine curiosité !
» Avant d'y être venu moi-même, connaissant peu la me-
» sure des vices qui affligent l'humanité, je ne considérais
» pas suffisamment vos vertus, aujourd'hui je me prosterne
» devant ma patrie et je brûle d'y retourner. Ce nouveau
» trait de lumière sera sans doute le meilleur fruit que je re-
» cueillerai de mes voyages, mais puissé-je bientôt le savourer
» tranquillement, et quoi que l'on dise ici, chacun s'y cor-
» rompt par l'exemple ; je puis assurer avec vérité que loin de
» voir des objets de séduction dans l'opulence vicieuse et

» tyrannique qui m'environne, je n'aperçois au contraire
» qu'une image dégoûtante de l'avarice et mensongère du
» bonheur. »

Cette courte citation n'est-elle pas le miroir qui réflète l'image de l'âme de Chantrans ? elle nous ouvre son cœur tout entier, le met à jour et nous dispense de tout commentaire.

Les tempêtes de la vie effrayaient sa vertu, il préférait les bords tranquilles d'un simple ruisseau qui arrose la fraîche vallée et la féconde, au torrent impétueux qui ravage les rives ombreuses, déracine les arbres, déplace les rochers et brise tous les obstacles

Il ajoute plus loin (Page 296) :

« On a remarqué depuis longtemps qu'il y avait dans la
» montagne de tous les pays plus de bonhomie, des mœurs
» plus simples et plus pures que dans les plaines ; Saint-Do-
» mingue ne fait point exception ; le luxe, l'ambition, l'oisi-
» veté et la mollesse, corrupteurs adorés des villes et leurs
» alentours, n'existent point ou très peu pour l'habitant des
» montagnes. »

Le chevalier descendait d'une race de montagnards bien trempée ; la mâle éducation des hommes de son temps n'existe plus de nos jours. La trop grande civilisation anéantit nos forces, abaisse les caractères et nous conduit à notre perte.

Avec le patriotisme des forts il s'écrie (P. 416) :

« Je te félicite, ô ma Patrie, de n'être pour rien dans les
» crimes que je viens de dépeindre ; plus heureuse dans ta
» médiocrité que les royaumes, plus redoutable pour tes
» ennemis, la paix et la liberté sont les fruits de ta sagesse ;
» chez toi l'on ne connaît pas le faste accablant de ces hom-
» mes privilégiés, ni l'extrême misère. Tous les habitants
» marchent à peu près du même front, avec plus ou moins
» de superflu, ils ont des lumières, de la vertu, ils s'aiment :
» avec de si grands biens, ne sont-ils pas heureux ? »

Je crois, Messieurs, vous avoir fait pénétrer dans l'intimité de l'âme de Chantrans, et vous avoir initié aux inspirations de sa jeunesse; il me reste maintenant à vous entretenir des travaux de son âge mûr.

La paix le ramena en Europe, puis en Franche-Comté ; au retour de son expédition, en l'année 1777, le 1er janvier, il fut nommé capitaine du génie et commandant du fort de Joux. Ce château, situé entre la Suisse et Pontarlier, domine la vallée et défend le passage important qui donne entrée en France. Ses nouvelles fonctions lui laissèrent des loisirs, il en profita pour rédiger ses notes et continuer ses études de botanique.

Ce fut à cette époque qu'il fit la connaissance du grand mathématicien Lacroix, qui était alors professeur à l'Ecole d'artillerie de Besançon. La conformité de leur goût, la similitude de leur génie, les unirent de telle façon qu'ils devinrent bientôt nécessaires l'un à l'autre; ces deux amis étaient inséparables; quand les circonstances les éloignaient l'un de l'autre, ils avaient recours à la correspondance.

C'est ainsi qu'ils se communiquaient leurs observations scientifiques, qu'ils discutaient sur leurs études et parlaient de leurs projets d'avenir. Leurs lettres ne prirent fin qu'à la mort de Lacroix ; touchante union d'une vive et solide amitié plus durable que celle qui s'appuie sur le caprice et la frivolité, et s'efface au gré des zéphyrs.

Le chevalier quitta le service le 1er avril 1791 ; les événements politiques préparaient la grande révolution ; il était trop bon royaliste pour n'être pas compris parmi les suspects ; loin d'en gémir il en bénit le ciel. C'était une belle occasion de n'être plus distrait de ses chères occupations, il revint habiter la maison paternelle, mais il n'y fut pas en repos ; le décret qui bannissait les familles nobles des places de guerre l'obligea à quitter Besançon.

Notre philosophe, bien loin de se laisser aller au découragement, prit son parti et alla se réfugier à Chantrans, petit village situé près de la ville d'Ornans, emportant sa meilleure

fortune, ses livres et ses collections ; c'était pour lui un re-
mède bienfaisant et souverain contre l'ennui et l'oisiveté et
surtout contre l'affliction qu'il ressentait à la vue des maux
de sa patrie.

Il avait emmené dans sa retraite Charles Nodier, encore enfant ; il se plaisait à cultiver ses heureuses dispositions ;
mais l'élève ne répondait pas toujours aux leçons du maître,
et laissa bientôt comprendre qu'on ne pouvait lui inspirer
le goût des mathématiques ; Nodier préférait l'histoire naturelle, en particulier l'entomologie, genre d'étude qui ravis-
sait le futur académicien.

Pendant l'année 1793, de triste mémoire, Chantrans com-
mença avec Lacroix ses travaux sur les *Conferves* Dix ans
de recherches persévérantes lui firent découvrir que dans
cette section alors peu connue de la famille des algues, cer-
taines variétés sont animées, tandis que les autres rentrent
dans la famille des cryptogames.

Les observations à l'aide du microscope, qui avaient pré-
cédé cette importante découverte, furent relatées avec soin
dans les bulletins de la Société philomatique, et c'est là que
Vaucher de Genève en prit connaissance et sut se les appro-
prier, en publiant son histoire des conferves d'eau douce,
ouvrage qui parut en même temps que celui de notre naturaliste. Cette concurrence déloyale, appuyée par les hommes
dont l'opinion faisait loi dans la science, empêcha Girod de
recueillir le fruit bien légitime de ses longs et patients travaux.

Le chagrin cuisant que cette injustice lui fit éprouver ne se
manifesta que par une simple note imprimée dans les jour-
naux de cette époque, où il mettait de côté tout ressentiment.

Une telle modération surprit le monde savant et désarma
ses adversaires les plus acharnés ; de Candolle lui-même, le
champion le plus fidèle de Vaucher, ne tarda pas à rendre
hommage au mérite de l'inventeur, en donnant à une algue
nouvelle le nom de *Chantransia*.

Après le 18 brumaire, le 6 germinal an **X**, Girod reçut du département le mandat de député au corps législatif ; il accepta volontiers cette honorable mission qui l'obligea à transporter à Paris ses livres et ses collections. fort heureux de se rapprocher du foyer de toutes les lumières ; très apprécié par ses connaissances et sa modération, il ne tarda pas à être distingué par le premier consul lui-même qui, le 4 frimaire an **XII**, c'est-à-dire à la création de l'ordre, le nomma chevalier de la Légion d'honneur.

Mais la science et la philosophie l'emportèrent bientôt sur les travaux de la Chambre, il fut rendu à ses compatriotes après dix ans d'absence.

Depuis longtemps, le chevalier désirait visiter le mont Poupet, situé près de la ville de Salins, explorer ce sommet, qui est de 859 mèt. au-dessus du niveau de la mer, rechercher les plantes qui croissent sur cette montagne, la plus élevée parmi celles qui composent la deuxième chaîne du Jura, et admirer le superbe panorama qui se dessine au lever du soleil, splendide horizon que les voyageurs recherchent avec curiosité.

Il part pour Salins, fait son ascension et revient chargé de plantes et de minéraux qui augmentèrent ses chers trésors.

Nous voici, Messieurs, parvenu à l'époque la plus brillante de la vie de Girod de Chantrans. Entraîné par le même esprit de bienveillance et d'amour pour l'humanité, il fut le fondateur et le soutien de la Société d'agriculture et arts du département du Doubs, qui de l'an 1799 à 1806 fut non seulement une société scientifique, mais encore un centre intellectuel et littéraire, qui groupa les anciens académiciens. Cette institution fleurit encore de nos jours, après avoir rendu de nombreux services aux habitants des campagnes. Il pouvait leur dire avec Virgile ces vers si remplis de charmes :

> O tantum libeat mecum tibi sordida rura,
> Atque humiles habitare casas et figere cervos,

> Hœdorumque gregem, viri compellere hibisco !
> Mecum una in sylvis, imitabere Pana canendo.
>
> Buc, Egl. II.

qu'un poète a traduit ainsi :

> Daigne aimer avec moi ces champs vils à tes yeux,
> Habiter la cabane, à l'exemple des Dieux,
> Ou ranger des brebis sous la verte houlette ;
> Nous ferons du dieu Pan résonner la musette.
>
> Tissot.

Le chevalier se mit en collaboration avec M. Laurens, père de notre honorable confrère, fondateur de l'annuaire du Doubs, auteur de nombreux articles littéraires, historiques et économiques. Cet excellent Franc-comtois a laissé dans notre ville les meilleurs souvenirs. On admirait dans ses ouvrages un grand talent d'exposition ; il joignait au mérite de la science celui d'un travailleur intrépide que n'arrêtait aucun obstacle. Il prêta bien volontiers son concours à Girod de Chantrans, et on peut dire avec vérité qu'un grand nombre des rapports imprimés dans le bulletin de l'agriculture étaient l'œuvre du respectable M. Laurens.

Dans notre province, la variété de la température est un redoutable ennemi qu'il faut combattre sans cesse. La culture est une science pénible, tel est le partage de nos contrées ; aussi le Comtois paresseux délaisse trop souvent la terre qui l'a vu naître ; en proie au découragement, il quitte les champs pour habiter la ville, attiré par les plaisirs, et après avoir été abreuvé de misères, il va piteusement mourir dans les hospices. C'est pour mettre un frein à ces déceptions que notre chevalier, avec l'aide de M. Laurens, entreprit avec un courage extraordinaire de persuader à ses compatriotes de suivre l'exemple de leurs pères, qui s'attachaient à leur patrimoine et le cultivaient honnêtement. En suivant le progrès des nouvelles découvertes, il leur promettait de l'aisance et souvent la fortune.

Que d'efforts merveilleux pour stimuler l'agriculture ! Que de lumières nouvelles apportées dans les conférences de cette société! Girod agrandissait chaque jour le cadre de ses études, et partout brillait cette haute intelligence qui devait présider à tant d'expérimentations utiles.

Si l'on parcourt les articles très intéressants contenus dans le recueil publié de 1828 à 1841, on est étonné de la fécondité d'esprit et de travail apportée par Girod de Chantrans dans une entreprise qu'on peut mettre au rang des plus philantropiques.

Il préconisa l'arrosement des champs et des prairies, il conseilla l'abolition de la vaine pâture, fléau pernicieux au point de vue de la perte des engrais, du temps et de la moralité. A l'exemple de Parmentier, il propagea la culture de la pomme de terre.

Chantrans avait rêvé de reboiser les terrains vagues, qui dans chaque commune du département présentent une grande étendue ; c'était un moyen d'enrichir le budget et d'augmenter les revenus municipaux. En 1825, au nom de la Société, il donnait des encouragements et des prix à ceux qui obtiendraient la plus belle venue de plantes forestières sur un ou plusieurs terrains présentement en friche, formant ensemble au moins deux hectares d'étendue ; il ajoutait dans son programme, que l'on ne pourrait être admis au concours qu'après trois années révolues de plantation, afin que l'établissement puisse offrir une garantie de durée.

Le chevalier séjournait souvent à la campagne chez sa nièce, Mme Amey, à Champvans, près de Baume-les-Dames. Pendant la belle saison, dès l'aube du jour, on voyait ce chétif vieillard manier la bêche, comme un jardinier consommé, préparant les plates-bandes pour ses semis et recherchant les meilleures espèces de graines de fleurs et de légumes qui pouvaient orner et rendre agréables les potagers les plus élégants. Il en donnait à ses amis et n'oubliait jamais d'en procurer aux personnes qui aimaient la verte nature. Mais Chantrans ne se contentait pas de fournir des encouragements aux habitants des champs, il chérissait l'ab négation, le dévouement et la charité. Sur sa proposition, en 1801, la Société d'agriculture du Doubs revendiqua l'honneur d'offrir à sœur Marthe (Anne Biget de Thoraise) une médaille d'argent portant sur la face une couronne de chêne avec cette inscription : *Hommage à la vertu.* En qualité de président, il félicita cette bonne religieuse, qui chaque jour dépensait le temps d'une façon merveilleuse à secourir toutes les douleurs.

Non seulement l'auteur des Annales s'occupait de la culture des champs, mais encore il recherchait les meilleurs procédés pour faire fructifier la vigne et améliorer la fabrication du vin, science fort importante dans notre province. Il eut des conférences avec les vignerons de la Chapelle-des-Buis, près de Besançon, et ces derniers n'eurent qu'à se féliciter de ses conseils, soit pour la plantation, soit dans le choix des cépages.

Dans sa revue, Chantrans écrivait des articles très remarquables en matière d'assurances contre les ravages du feu et de la grêle ; sur la règlementation des partages fonciers, en haine du morcellement des terres; sur les excès du vagabondage, sur le paupérisme et sur une quantité de questions économiques non résolues qui sont encore discutées de nos jours.

Bon royaliste, chrétien fervent, il respectait l'autorité; aussi les plus hauts fonctionnaires du gouvernement avaient en vénération et en haute estime l'excellent chevalier; ils lui facilitaient la belle tâche qu'il avait entreprise; ils l'aidaient dans une juste mesure, en obtenant du ministre des allocations de fonds destinées à encourager l'agriculture.

Il serait trop long, Messieurs, d'analyser tous les travaux publiés par notre académicien ; il écrivit de nombreuses brochures et quelques livres qui furent édités de 1786 à 1841, sans parler des articles fort estimés qui furent imprimés dans les feuilles scientifiques. Son principal ouvrage a pour titre : *Essai sur la géographie physique, le climat et l'histoire naturelle du département du Doubs;* il fut approuvé par l'Institut en 1810.

Ce livre, fort remarqué lors de son apparition, n'offre plus le même intérêt ; il renferme des considérations du vieux temps qui ne sont plus en faveur et qui sortent entièrement du cadre des études contemporaines.

Enfin, il publia, en 1841, l'année de sa mort, une brochure qui a pour titre : *Coup d'œil sur les facultés de l'homme comparées à celles des animaux dans les trois règnes de la nature.*

Qu'il me suffise, Messieurs, d'emprunter une citation à ce dernier livre; elle me semble le résumé de la saine doctrine de Girod de Chantrans (P. 415) :

« Mais toi, libre et jeune, rentre dans le monde sans beau-
» coup différer ; il n'est point facile d'arriver au point où je
» suis. Souviens-toi cependant de préférer la campagne à la
» ville, de fréquenter les pauvres plutôt que les riches, plu-
» tôt les malheureux que ceux à qui tout semble sourire; les
» uns, au lieu de te montrer les besoins de l'humanité souf-
» frante, ne t'offriraient chaque jour que l'exemple corrup-
» teur d'un luxe insatiable, et puis, en t'éloignant des mal-
» heureux, l'on oublie trop aisément qu'il en existe; sois
» juste, bienfaisant, puis n'aye aucune crainte. »

Le dernier ouvrage qu'il fit imprimer me paraît le résumé de ses études consciencieuses, le fruit de ses savantes recherches, le testament d'une raison bien équilibrée :

« Cette simple ébauche, dit-il, des brillantes facultés de
» l'homme suffit sans doute pour prouver son immense su-
» périorité sur toutes les autres espèces vivantes; mais sa
» prééminence n'est rien en comparaison de celle que lui as-
» sure la connaissance qu'il a de son créateur, dont nul
» animal ne soupçonne même l'existence, la raison seule
» étant capable d'en concevoir la nécessité. »

Ce jugement, porté sur la race humaine, devrait confondre les sectateurs du matérialisme moderne, qui s'agitent beaucoup trop en ce moment et qui ne rencontrent que le vide dans l'éternité.

Charles Nodier, qui était un connaisseur, rapporte dans ses ouvrages que Chantrans était le seul homme qu'il eût rencontré dans sa vie qui réunît les mérites d'Aristote et de Newton, témoignage bien éclatant rendu par lui à son protecteur, et sanctionné par de nombreux travaux.

Notre cher compatriote a publié dans ses *Souvenirs de jeunesse* une charmante nouvelle où il trace le portrait de son maître dans des termes tellement flatteurs, que je ne puis m'empêcher de les mettre sous vos yeux :

« Il y avait alors dans ma ville natale, écrit-il au début de *Séraphine*, un homme d'une quarantaine d'années, qui s'appelait M. de X..., et qu'au temps dont je parle, on appelait plus communément le citoyen Justin, du nom de son patron, parce que la Révolution lui avait ôté celui de son père. C'était un ancien officier du génie qui avait passé sa vie en études scientifiques et qui dépensait sa fortune en bonnes œuvres. Simple et austère dans ses mœurs, doux et affectueux dans ses relations, inflexible dans ses principes, mais tolérant par caractère, bienveillant pour tout le monde, capable de tout ce qui est bon, digne de tout ce qui est grand, et modeste jusqu'à la timidité, au milieu des trésors de savoir qu'avait amassés sa patience ou devinés son génie ; discutant peu, ne pérorant pas, ne contestant jamais, toujours prêt à éclairer l'ignorance, à ménager l'erreur, à respecter la conviction, à compatir à la folie ; il vous aurait rappelé Platon, Fénelon, ou Malesherbes ; mais je ne le compare à personne, les comparaisons lui feraient tort. »

Dans son discours de réception à l'Académie française, le 6 février 1845, Mérimée prononça l'éloge de son prédécesseur Nodier. Après avoir fait le récit des premiers pas dans la vie de l'aimable conteur, il rappela avec son talent merveilleux que parmi les hommes qui exercèrent sur l'enfance de Charles Nodier la plus grande et la plus utile influence, il ne fallait point oublier un vieux gentilhomme, « officier du génie, homme d'esprit, de savoir, véritable philosophe pratique à la manière de Xénophon. A Besançon encore, on ne parle de lui qu'avec attendrissement. M. de Chantrans, c'était son nom, avait remarqué les dispositions singulières du jeune Charles et prenait plaisir à les cultiver ; il lui prêtait des livres, il satisfaisait à son inquiète curiosité, et, dans de longues promenades, il développait chez l'enfant le talent inné de l'observation, en lui inspirant un goût précoce pour l'étude de l'histoire naturelle. M. Nodier a fait, dans l'anecdote de Séraphine, un portrait délicieux de ce sage, qu'il chérit toute sa vie, portrait d'une ressemblance achevée, et le seul, m'a-t-on dit, qu'il n'ait pu embellir. »

Cet homme de bien favorisait de son expérience et de ses conseils toutes les personnes qui l'approchaient; il aimait le botaniste Grenier, un de vos éminents confrères, le couvrait de sa bienveillance et l'encourageait dans ses études.

Sa fortune était très modeste : pour ne point mettre la discorde parmi ses héritiers, il abandonna à ses neveux un petit capital ; ces derniers lui payaient une rente viagère. Cette succession anticipée lui attira le respect et l'affection de ses proches.

Il avait un seul domestique qni le servait avec déférence. A l'âge de quatre-vingts ans, le chevalier prévint son serviteur qu'il ne l'inscrirait pas sur son testament, mais qu'il augmenterait ses gages chaque année, dans une proportion raisonnable; c'était un moyen de remplacer le dévouement, s'il n'existait pas, par un mobile propre à favoriser la prolongation de ses jours.

Dans la rue de la Vieille-Monnaie vivaient, en face l'un de l'au're, deux nonagénaires qui étaient adorés de leurs voisins. Les habitants du quartier étaient fiers de conserver ces deux trésors de longévité et avaient promis d'illuminer la rue le jour où l'un d'eux aurait atteint cent ans. La Providence ne permit pas la célébration d'une fête si rare dans les familles de notre province.

La comtesse de Mauclerc, ancienne chanoinesse à Poulangy, mourut en 1840, à l'âge de 98 ans et 6 mois.

Le chevalier Girod de Chantrans s'éteignit sans souffrances le 1er avril 1841, à l'âge de 91 ans et 7 mois, laissant de nombreux regrets et une quantité considérable de monuments qui mettent au grand jour les qualités d'une âme sage et tranquille, passionnée pour la science et le perfectionnement de l'humanité.

L'année qui précéda sa mort, il adressait encore à l'Académie de Besançon un travail, le dernier sans doute qui soit sorti de sa plume, avec cette aimable dédicace :

« Si dans ma quatre-vingt-dixième année, l'on me supposait la prétention d'écrire comme on le fait assez communément dans la force de l'âge, ce serait affaiblir mon propre jugement sur les facultés morales qui me restent, car il n'a pas décliné jusque-là ; mais si, malgré toutes les imperfections du petit écrit dont j'ai l'honneur de faire hommage à l'Académie, elle y trouve encore quelques idées qui lui semblent dignes de paraître sous ses auspices, je serai amplement récompensé de toutes les peines de ma rédaction. »

Il laissa aux musées de la ville qui lui avait donné le jour ses précieuses collections, résultat de ses immenses travaux, et aujourd'hui, ces richesses font l'admiration des hommes qui cultivent les sciences naturelles.

Pour moi, Messieurs, bercé dans mon enfance par cet excellent vieillard, car je suis né dans sa maison, je serais bien récompensé de mes recherches, si j'avais pu parvenir à faire revivre un instant cette figure si respectable, qui laissa dans notre cité une réputation impérissable de travail et de vertu. En acquittant auprès de vous ma dette de reconnaissance, je suis heureux d'avoir trouvé cette occasion de rappeler la mémoire d'un serviteur de la science, d'un esclave de la dignité et de l'honneur, d'une des gloires de votre Compagnie.

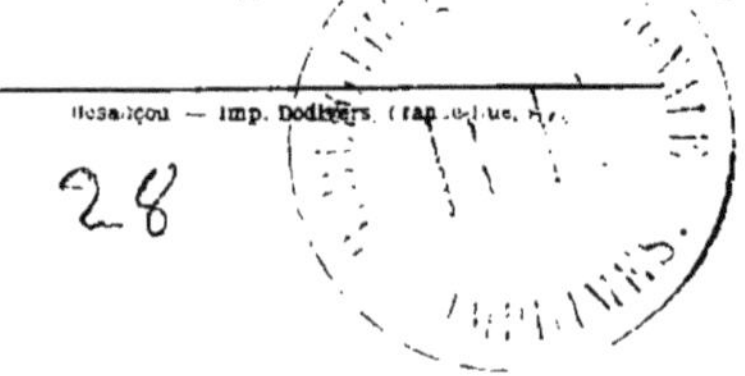

Besançon — Imp. Dodivers, (rap. de rue, 8).

www.ingramcontent.com/pod-product-compliance
Ingram Content Group UK Ltd.
Pitfield, Milton Keynes, MK11 3LW, UK
UKHW021710090726
13657UKWH00005B/2151